T0390583

LOS ANIMALES MÁS GRANDES DEL MUNDO

AVESTRUZ
AVE COLOSAL

NATALIE HUMPHREY

Published in 2024 by The Rosen Publishing Group, Inc.
2544 Clinton Street, Buffalo, NY 14224

First Edition

Editor: Natalie Humphrey
Book Design: Tanya Dellaccio Keeney

Photo Credits: Cover, p. 1 Cezary Wojtkowski/Shutterstock.com; p. 5 semue85/Shutterstock.com; p. 7 vectorlight/Shutterstock.com; p. 9 Sergei25/Shutterstock.com; p. 11 jo Crebbin/Shutterstock.com; p. 13 Villiers Steyn/Shutterstock.com; p. 15 EcoPrint/Shutterstock.com; p. 17 iModDesign/Shutterstock.com; p. 19 Goldilock Project/Shutterstock.com; p. 21 Dominique de La Croix/Shutterstock.com.

Library of Congress Cataloging-in-Publication Data

Names: Humphrey, Natalie, author.
Title: Avestruz: ave colosal / Natalie Humphrey.
Description: Buffalo, New York : PowerKids Press, [2024] | Series: Los animales más grandes del mundo | Includes bibliographical references and index.
Identifiers: LCCN 2022055581 | ISBN 9781499443035 (paperback) | ISBN 9781499443042 (library binding) | ISBN 9781499443059 (ebook)
Subjects: LCSH: Ostriches–Juvenile literature.
Classification: LCC QL696.S9 H86 2024 | DDC 598.5/24–dc23/eng/20221208
LC record available at https://lccn.loc.gov/2022055581

Manufactured in the United States of America

CPSIA Compliance Information: Batch #CSPK24. For Further Information contact Rosen Publishing at 1-800-237-9932.

CONTENIDO

Un ave grande

¿Cuál es el ave más grande del mundo? ¡El avestruz! Esta ave está conocida por ser la más grande de todas. Como otras aves, el avestruz no es capaz de volar. Pero los avestruces no necesitan sus alas para moverse. ¡Pueden correr muy rápido!

¿Dónde viven?

Los avestruces viven en las **sabanas**, los desiertos, y las **praderas** de África. Hay dos **especies** de avestruz: el avestruz común y el avestruz somalí. Los dos tienen piernas largas y un cuello con plumas blancas y negras. El avestruz somalí tiene un cuello largo y azul que lo hace resaltar.

ÁFRICA
DONDE VIVEN LOS AVESTRUCES

¿Qué tan grande son?

¡Avestruces son aves grandísimas! Un avestruz macho puede medir 2,7 metros (9 pies) y pesar sobre 130,2 kilogramos (287 libras). Una hembra puede medir 1,7 a 1,9 metros (5,7 a 6,2 pies) y pesar 89,8 a 108,9 kilogramos (198 a 240 libras).

Corriendo rápido

El avestruz no puede volar. ¡Mejor, el avestruz corre! Cuando un avestruz está en problemas, puede correr más de 64,4 kilómetros (40 millas) por hora. Un avestruz puede correr una distancia larga sin parar. ¡Solo una **zancada** de un avestruz puede cubrir una distancia de 4,9 metros (16 pies)!

¿Hecho o mito?

¿Es verdad que el avestruz esconde su cabeza dentro del suelo cuando tiene miedo? ¡No! Esto es un **mito**. Cuando un avestruz se enfrenta un enemigo, prefiere usar su rapidez para escapar. ¡Si no puede escapar, el avestruz lucha!

Puntapiés poderosos

Los avestruces no usan sus piernas solo para correr. ¡También las usan para la **protección**! Cuando un avestruz está en peligro y no puede escaparse, usa sus piernas largas para protegerse. Sus piernas son tan fuertes que solo un puntapié puede matar a un león.

Hora de cenar

Los avestruces comen la hierba, los insectos, y los **roedores**. Un avestruz usualmente come entre 1,4 y 1,8 kilogramos (3 a 4 libras) de comida diariamente. Los avestruces comen cada vez que pueden, pero no necesitan beber el agua frecuentemente. ¡Un avestruz puede vivir sobre dos semanas sin beber!

Manada de avestruces

Los avestruces viven en manadas. Una manada de avestruces puede tener sobre 10 avestruces, pero algunas tienen más. Las manadas usualmente consisten en un avestruz macho y muchas hembras. La hembra alfa, o la hembra encargada, cuida a todos los huevos de la manada.

Huevos grandes

¡Incluso los huevos del avestruz son grandísimos! Los huevos pueden medir hasta 15,2 centímetros (6 pulgadas) y pesan 1,4 kilogramos (3 libras). Esto es igual a 24 huevos de una gallina. Cuando rompen el cascarón, los bebés avestruces miden sobre 25 centímetros (10 pulgadas).

GLOSARIO

especies: Un grupo de plantas o animales que son similares.

mito: Un cuento para explicar una práctica, creencia, o evento natural.

pradera: Terreno mayormente cubierto por la hierba.

protección: El acto de defender algo de daño o problemas.

roedor: Un animal pequeño y peludo con dientes grandes en el frente de la boca, como un ratón o una rata.

sabana: Una pradera con áreas de árboles.

zancada: Un paso largo de pie.

MÁS INFORMACIÓN

LIBROS

Emminizer, Theresa. *Awesome Ostriches*. Buffalo, NY: PowerKids Press, 2021.

Rice, Jamie. *Emu or Ostrich?* Minneapolis, MN: Jump! Inc., 2023.

SITIOS WEB

National Geographic Kids
kids.nationalgeographic.com/animals/birds/facts/ostrich
Encontrar mapas, hechos divertidos, y fotos de los avestruces.

Zooloógico de San Diego
animals.sandiegozoo.org/animals/ostrich
Aprender otros hechos divertidos sobre las vidas silvestres de los avestruces.

Nota del editor a los educadores y padres: nuestro personal especializado ha revisado cuidadosamente estos sitios web para asegurarse de que son apropiados para los estudiantes. Muchos sitios web cambian con frecuencia, así que no podemos garantizar que su contenido futuro cumpla con nuestros estándares de calidad y valor educativo. Tengan presente que se debe supervisar cuidadosamente a los estudiantes siempre que tengan acceso al Internet.

ÍNDICE